LIMOGES

EN DÉCEMBRE 1851

CHAPITRE INÉDIT

DE L'HISTOIRE DU

COUP D'ÉTAT

EN DÉCEMBRE 1851

PAR

CHÉRON DE VILLIERS

PARIS

LIBRAIRIE MARTEAU

50, PASSAGE JOUFFROY, 52

—

1869

LIMOGES EN DÉCEMBRE 1851

———

En lisant l'*Histoire des Conseils de guerre de
1852*, de MM. Décembre-Alonnier, ou plutôt
leur récit des événements de décembre 1851
dans les départements, j'ai été frappé des
inexactitudes de détails que contiennent certains
passages de ce livre, notamment le chapitre qui
concerne la Haute-Vienne.

Je me suis proposé de les rectifier.

D'autre part, un journal a demandé, à propos
de ce même ouvrage, quelques renseignements

sur la manière dont fonctionnaient les commissions instituées en 1852 pour apprécier la conduite des individus arrêtés à la suite des troubles auxquels ils avaient pris part.

Il n'a pas été, jusqu'à présent, répondu à cette question.

Je vais y satisfaire, dans le récit succinct et complet des faits qui se sont passés à Limoges, et rectifier en même temps les erreurs publiées à ce sujet.

I

J'étais, en 1851, chef du cabinet de M. le baron de Mentque, préfet de la Haute-Vienne, aujourd'hui sénateur.

J'ai vu ce que je raconte, et je puis garantir l'exactitude de tous les détails.

Jusqu'au 2 décembre, à neuf heures du soir,

le préfet ignora complétement, de même que ses collègues, et les projets du Prince-Président, et ce qui se passait à Paris dans la matinée de ce jour.

Il n'avait donc pu, ainsi qu'on l'affirme, prendre des mesures spéciales de précaution dès le 1ᵉʳ décembre.

Il est certain que la France entière, dans les circonstances graves où l'on se trouvait depuis plusieurs mois, s'attendait à des événements d'une haute importance. Le correspondant d'un journal de Limoges, M. Achille Leymarie, qui s'était fait à Paris une certaine réputation de violence politique, les avait fait pressentir en quelque sorte, dans un article publié au mois d'octobre précédent. Mais c'était là un avertissement qui, vu l'état des esprits, n'avait absolument aucune valeur.

La vigilance prudente du préfet était la seule garantie qu'il se trouverait, à un moment donné, prêt à parer à toutes les éventualités.

II

Le 2 décembre, à 9 heures du soir, j'étais, suivant l'habitude, occupé à travailler avec lui pour l'expédition des affaires courantes, lorsque le concierge apporta une dépêche transmise par le télégraphe jusqu'à Châteauroux, et de là expédiée à Limoges par estafette. Elle contenait la nouvelle des événements accomplis à Paris dans la matinée.

M. de Mentque réunit aussitôt quatre personnes présentes à la préfecture, et leur dicta des lettres de convocation qui furent immédiatement envoyées à tous les magistrats et fonctionnaires résidant à Limoges.

A dix heures et demie, trente-quatre d'entre eux avaient répondu à son appel, tous igno-

rant ce qu'il se proposait de leur communi-
quer.

L'anxiété était grande, et ce fut au milieu du
plus profond silence que M. de Mentque donna
d'abord lecture de la dépêche annonçant la dis-
solution de l'Assemblée et l'appel au peuple
fait par le Prince-Président; puis il ajouta
quelques paroles émues, adjurant les assistants
de prêter aide et concours au chef de l'État, qui
venait de risquer sa vie pour sauver la France
de la guerre civile et de l'anarchie.

III

On affecte de discuter aujourd'hui la justesse
et la portée de semblables allégations; on
semble vouloir croire que le pays attendait
dans le calme et la confiance cette terrible

échéance de 1852, que les socialistes eux-mêmes n'envisageaient qu'avec effroi.

Pour juger bien sainement de cette époque, il faut s'y reporter, non pas en imagination, mais en faisant un appel sincère aux souvenirs loyaux de ceux qui l'ont vue de près, et on saura combien était immense l'angoisse dans laquelle tous étaient plongés. D'agriculture, d'industrie, de transactions, il n'en était pour ainsi dire plus question ; tout était paralysé par une inquiétude mortelle. Le travail manquait aux ouvriers ; lorsqu'ils pouvaient s'en procurer, des menaces les en détournaient; des subsides de source inconnue leur parvenaient quand ils étaient sur le point de mourir de faim.

Des chefs socialistes les avaient embrigadés pour une œuvre qu'ils ne comprenaient pas ; on ne leur montrait qu'un but, la cessation de la misère, et on rendait cette misère extrême pour les obliger à marcher quand même au premier signal.

Les classes riches se trouvaient dans la gêne ;

la propriété foncière demeurait presque impro-
ductive ; de fortune industrielle et commerciale,
on n'en parlait que pour mémoire.

Quels que fussent les chefs de la population
ouvrière, ils avaient beau jeu d'inspirer la terreur dans une semblable situation ; il devait
forcément en résulter un cataclysme. Ils redou-
taient eux-mêmes que, trop tendue, elle n'en
vînt, par un brusque et naturel revirement, à
éclater contre eux.

C'étaient les mêmes hommes dont M. Mar-
rast disait en juin 1848 : « Ce n'est pas seule-
« ment la guerre civile qu'ils voudraient allu-
« mer parmi nous ; c'est le pillage, la désorga-
« nisation sociale, c'est la ruine de la France
« qu'ils préparent. » — M. Sénard : « Que
« veulent-ils donc? On le sait maintenant : ils
« veulent l'anarchie, l'incendie, le pillage. » —
M. Flocon : « Les agitateurs n'ont d'autre dra-
« peau que celui du désordre. »

Ils avaient fait du chemin depuis 1848.

IV

Les paroles de M. de Mentque exprimaient
énergiquement la vérité. La nouvelle qu'elles
commentaient faisait cesser toute incertitude.
On allait enfin vivre ou succomber; personne
ne pouvait se faire d'illusion. L'idée de seconder
l'action héroïque du prince Louis-Napoléon fut
accueillie avec un véritable enthousiasme. Un
seul parmi les assistants s'abstint de se pro-
noncer; il crut, quelques jours plus tard, devoir
résigner ses fonctions.

Le préfet jugea inutile d'attendre des instruc-
tions; il concerta immédiatement un plan d'oc-
cupation de la ville avec le général de Solliers,
commandant la subdivision militaire, et le
général en retraite Lugnot, colonel de la garde

nationale. Dès le point du jour, les troupes composant la garnison, deux escadrons de hussards et un régiment de ligne, devaient se tenir prêts à sortir de leurs quartiers ; à sept heures du matin, la garde nationale, convoquée au manége, se joindrait à la troupe et parcourrait les rues côte à côte avec elle.

Ces mesures arrêtées, une proclamation fut rédigée pour être affichée le lendemain. J'allai la faire composer à l'imprimerie Chapoulaud. Quand j'en rapportai les exemplaires, le commissaire central était prêt à la faire apposer partout.

A huit heures, des groupes nombreux la commentaient déjà, en même temps que les patrouilles de soldats et de gardes nationaux commençaient à circuler, sans qu'on entendît un coup de tambour ni un son de trompette. Il fallait n'effrayer personne et rassurer au contraire les citoyens paisibles.

Tout paraissait calme ; la ville s'agitait cepen-

dant, car la population se composait de partis
nettement tranchés. Le socialisme, organisé
par des chefs remuants, cherchait à réunir ses
adeptes; la tentative était difficile à exécuter,
car, bien qu'elles eussent été prises en quelques
heures, les mesures étaient complètes et rédui-
saient les agitateurs à une impuissance momen-
tanée. Ils attendirent.

V

La malle-poste arrivait de Paris à dix heures,
avec les dépêches. Ils crurent avoir trouvé l'oc-
casion de donner le branle à l'émeute. Quelques
individus apostés dans la brasserie de Mont-
morillon, sur la place Dauphine, se précipitè-
rent sur le courrier pour lui enlever ses dépêches; l'affaire était mal combinée, car le
général de Solliers se tenait non loin de là, sur

le boulevard, avec son état-major et un peloton
de hussards ; à cinq cents mètres était la préfecture, gardée par une escouade de sergents de
ville.

Le préfet, prévenu de ce qui se passe, sort
immédiatement en uniforme, accompagné de
M. Gérardin, secrétaire général, et de son chef
de cabinet. Il arrive, non sans danger, à la
place Dauphine, juste au moment où le général,
à la tête de ses hussards, dégageait le conduc-
teur de la malle.

Les dépêches confirmaient la nouvelle de la
nuit et donnaient l'assurance du succès du coup
d'État. Le Prince-Président, confiant dans le
patriotisme des préfets, leur faisait donner par
le ministre de l'Intérieur les pouvoirs les plus
étendus, dans les circonstances difficiles qu'ils
allaient peut-être avoir à traverser.

Des exemplaires du *Moniteur* furent pla-
cardés dans les carrefours. La foule les lisait
avidement.

VI

Jusqu'alors, aucune arrestation n'ayant été ni projetée ni opérée, quelques agents socialistes pensèrent à manifester une résistance ouverte et pacifique en apparence ; ils composèrent en toute hâte un numéro du journal *Le Républicain*, contenant une protestation violente et engageant surtout les citoyens à une résistance absolue à toute injonction des autorités existantes. Ils espéraient amener des conflits immédiats d'où surgirait la guerre civile. On eut à peine le temps d'en tirer une première épreuve ; les formes furent saisies, et la composition distribuée, sous les yeux d'un commissaire de police.

Les rédacteurs vont se plaindre au Préfet, et

ne reçoivent que l'expression polie du regret de
ne pouvoir laisser faire. Presque en même
temps se présente un avoué nommé Patapy,
car le cabinet du Préfet reste constamment
ouvert à quiconque désire lui parler. Il vient
réclamer *les nouvelles au nom du peuple ;* écon-
duit sans réponse, il essaye d'ameuter quelques
individus ; sa voix ne trouve pas d'écho ; effrayé
de son audace, il sort de la ville, et va, dit-on,
soulever les ouvriers de Saint-Léonard, qui,
depuis, n'ont pas bougé un seul instant.

VII

Les avis alarmants (quelques-uns très-mo-
tivés) se succédaient sans relâche. A les croire,
le feu eût été aux quatre coins du département.
Cependant, les adhésions des grands proprié-
taires et des industriels les plus importants, les

2.

adresses et les protestations de confiance et de dévouement des municipalités envers le Prince-Président répondaient d'heure en heure à la grande nouvelle expédiée sur tous les points à la fois. Il devenait à peu près certain que l'ordre ne serait troublé sérieusement nulle part ; néanmoins il était nécessaire de surveiller des efforts insurrectionnels tentés dans les arrondissements de Bellac et de Rochechouart. Des émissaires des sociétés secrètes les infestaient.

C'est de ces tentatives qu'il s'agit dans le rapport du préfet que reproduit l'*Histoire des conseils de guerre de 1852*. Ses termes énergiques sont de la plus exacte vérité ; oui, des anarchistes ont voulu soulever les campagnes de la Haute-Vienne aux cris de *Vive la Rouge ! vive la Sociale !* oui, ils se sont emparés de quelques églises et ont sonné le tocsin, en arborant le drapeau rouge et en vociférant : *La Patrie est en danger ! A mort les dictateurs !* Mais ce ne sont pas les paysans qui leur ont répondu ; ce sont quelques ouvriers privés de travail par leurs ordres, exaspérés par la misère et par la faim, ainsi qu'ils l'avaient calculé pour les déterminer au meurtre et au pillage.

Voilà, je le répète, les moyens qu'ont employés les meneurs socialistes pour fomenter l'insurrection; voilà pourquoi les malheureux entraînés par eux tiraient *les premiers*, afin d'arriver plus vite où ils trouveraient du pain.

Cent cinquante hommes environ accueillirent à coups de fusil cinquante hussards et six gendarmes, commandés par le lieutenant Reneufve, et accompagnés du commissaire central. Une décharge et un mouvement vigoureux en avant mirent les insurgés en déroute. Quelques-uns furent blessés; une trentaine d'arrestations eurent lieu; les blessés demeurés à la garde de leurs familles ne furent pas inquiétés; les autres furent mis en liberté peu de jours après.

Cela se passait à Linards, le 6 décembre, à quelques lieues de Limoges. Des prisonniers arrivèrent dans la soirée : ils étaient exténués ; plusieurs n'avaient pas mangé depuis quarante-huit heures. Le socialisme ne nourrissait pas ses soldats.

On a reproché aux préfets le nom de *jacquerie*, que plusieurs ont donné à ces mouvements non républicains, mais anarchistes. Il est bon de savoir que le mot d'ordre était, pour beaucoup de rassemblements, notamment dans la Haute-Vienne, ce mot même de *jacquerie*. Il avait bien sa signification.

VIII

J'ai interverti l'ordre des faits pour raconter cet épisode. Je reviens au récit de ce qui se passait à Limoges dans la journée du 3 décembre.

M. de Mentque ne voulait procéder avec rigueur qu'à la dernière extrémité ; son énergie et sa décision étaient bien connues, depuis trois ans qu'il administrait le département ; il savait que le parti anarchiste ne se montrerait qu'en force dans la ville même, et son but était de lui en ôter jusqu'à la pensée. En conséquence, il avait pris les mesures d'ordre et fait exécuter les démonstrations de résolution que l'on connaît, afin d'indiquer que toute manifestation hostile serait immédiatement écrasée. Personne ne bougea.

Le soir venu, les troupes bivouaquèrent aux flambeaux sur les boulevards et sur les places publiques.

Cependant, on attendait de toutes parts des nouvelles de Paris avec une impatience fiévreuse. Elles arrivèrent dans la nuit et furent sur le champ communiquées aux fonctionnaires.

Le chef du cabinet du préfet les portait à l'imprimerie, vers deux heures du matin, lorsqu'un groupe d'hommes voulut les lui arracher ;

sa contenance résolue obligea ces individus à le laisser passer, et lui permit de s'acquitter de sa mission.

Cette même nuit, diverses réunions socialistes furent tenues dans des cabarets, que la police fit fermer dès le lendemain. Aucun de ceux qui y avaient pris part ne fut inquiété.

Un mot d'ordre paraît avoir été donné, car le 4, plusieurs centaines d'individus, ouvriers et bourgeois, et une cinquantaine de femmes, en corsages rouges, se rassemblèrent dans une fabrique de porcelaine. Le commissaire central s'y rendit aussitôt ; mais les émeutiers s'empressèrent de sortir et de se disperser par la porte opposée à celle qu'il s'était fait ouvrir.

Le préfet fit inviter le directeur de la fabrique à venir le voir, et obtint de lui l'assurance que son établissement ne serait plus le théâtre de semblables réunions. Il lui avait fait connaître la nécessité où il se trouverait d'en ordonner la fermeture, ce qui contribuerait à augmenter la

misère des ouvriers. Le directeur, homme hon-
nête et sensé, tint loyalement sa parole.

IX

Les nouvelles de Paris, rassurantes le premier jour, prenaient une grande gravité ; mais
le gouvernement ne les dissimulait pas, et le
préfet en ordonnait la publication sans retard.
De cette manière, le département entier en était
informé par les dépêches officielles, bien avant
que les journaux et les correspondances particu-
lières eussent apporté les moindres détails.

Cette loyale façon d'agir inspirait généralement la confiance. Un seul fonctionnaire, haut
placé dans la hiérarchie administrative, eut peur
un instant et voulut résigner son mandat ; cette
résolution repoussée dans les termes les plus af-

fectueux, il se hâta de la retirer, et traversa le
reste de la crise avec le préfet, et *la main dans
la main*. Un autre, un conseiller de préfecture,
mû par des sentiments différents, croyant au
triomphe de la république démocratique et sociale, donna également sa démission ; elle fut ac-
ceptée sur le champ, et il eut pour successeur le
père du préfet actuel de la Corse, l'honorable
M. Géry, qui avait été brutalement destitué de
ces mêmes fonctions, en 1848, par les commis-
saires de la République.

X

Jusqu'alors on n'avait pas pu dire que le parti
socialiste eût osé lever ouvertement la tête. On
savait cependant, à n'en pouvoir douter, qu'il
enserrait la Haute-Vienne dans un vaste réseau

de conspiration. On connaissait l'existence d'au moins dix sociétés secrètes à Limoges, à Saint-Yrieix, à Coussac-Bonneval, à Jumilhac, à Rochechouart, à Bellac, au Dorat. Il y en avait une appelée *la Marianne*, qui a survécu aux événements et a fait longtemps parler d'elle.

Deux mois auparavant, plusieurs représentants du peuple, siégeant à la Montagne, MM. Théodore Bac et Gaston Dussoubs, entre autres, avaient parcouru les principaux centres de population et réchauffé de leur éloquence le zèle de leurs coreligionnaires. Les agents du comité révolutionnaire de Limoges continuaient activement leur propagande, et, au reçu de la nouvelle des derniers événements, s'étaient répandus dans les campagnes pour appeler les paysans et les ouvriers à la révolte. Il était donc naturel, bien qu'on n'eût pas d'inquiétude sérieuse sur l'issue d'une lutte, de s'attendre à ce qu'elle fût engagée d'un moment à l'autre.

On apprit successivement en effet l'échauf-

fourée de Linards, la formation de quelques
bandes aux environs de Bellac, un mouvement
sans importance à Saint-Bonnet, l'arrestation
d'un courrier à Lussac-les-Églises. Tout cela
concordait avec un soulèvement projeté à Limoges et aux environs pour la nuit du 5 au 6.

On venait de recevoir les détails douloureux
de la mort de Denis Dussoubs, frère du repré-
sentant, tué la veille à Paris, sur la barricade
de la rue du Petit-Carreau. Ce malheureux
jeune homme avait à Limoges quelques amis, et
la nouvelle de sa fin tragique y causa une triste
et poignante émotion.

Les hommes de parti s'en étaient emparés et
la colportaient comme une excitation et un mot
d'ordre pour la soirée. Quelques arrestations
ordonnées à propos coupèrent court à leurs
projets.

Les mouvements partiels que j'ai signalés,
vigoureusement réprimés, ne laissèrent aucune
trace.

XI

Le préfet avait été admirablement secondé par tous les fonctionnaires, à quelque ordre qu'ils appartinssent. Tous avaient apporté le zèle le plus intelligent dans l'accomplissement de leurs devoirs. Ce fut ainsi que, malgré les projets avérés d'une insurrection générale, put être évitée cette extrémité pénible de la mise en état de siége du département.

On pouvait tout craindre de ce pays, où le socialisme avait établi un de ses quartiers généraux, avec l'espérance d'entraîner les ouvriers des divers centres manufacturiers qu'il renferme; les paysans, assez généralement pauvres, les ouvriers, privés d'une grande partie de leurs salaires par de fréquentes interruptions des tra-

vaux, semblaient devoir prêter facilement l'o-
reille à des suggestions anarchistes : il n'en fut
rien, ou du moins très-peu de chose; et, quelques jours plus tard, lorsque le ministre manda
aux préfets que *désormais la France était déli-
vrée de l'anarchie*, il put recevoir en réponse, du
département de la Haute-Vienne, l'assurance for-
melle que les populations apaisées reprenaient
leurs travaux de toutes parts, confiantes dans
l'avenir de calme et de sécurité que leur garan-
tissaient le courage, l'énergie et le patriotisme
du prince Louis-Napoléon.

XII

Des troubles sérieux avaient agité plusieurs
départements; des arrestations avaient été opé-
rées partout; à Limoges, elles s'élevaient à une
vingtaine au plus.

Peu à peu, le calme se rétablit; mais il était nécessaire de l'assurer complétement en mettant hors d'état de nuire les nombreux socialistes qui avaient tenté de soulever le pays contre la seule mesure de salut public qui restât possible.

C'est alors que les ministres de la justice, de la guerre et de l'intérieur firent connaître aux préfets la résolution qu'avait prise le gouvernement de déférer les hommes dangereux à des commissions mixtes, composées du procureur général ou du procureur de la république, du général commandant la division militaire ou la subdivision, et du préfet du département, excepté, bien entendu, dans les cas spéciaux où l'autorité militaire était seule compétente.

La commission fut composée, à Limoges, de M. de Marnas, procureur général; de M. de Mentque, préfet, et de M. le général de Solliers, remplacé plus tard par M. le général Dufourg-d'Antist.

Le chef du cabinet du préfet, ayant pris une

3.

part active à toutes les péripéties de la crise, et connaissant tous les hommes et tous les faits dont il allait être question, fut désigné comme secrétaire de la commission.

Il avait entre les mains, pour chaque individu compromis, un dossier soigneusement établi, dont tous les détails, minutieusement contrôlés, ne pouvaient laisser place à une erreur.

En présence de la commission réunie, il était répondu à l'appel de chaque nom par la lecture des pièces le concernant. Après délibération, une sentence, motivée sur les faits authentiquement prouvés, était rendue et transcrite immédiatement sur un registre.

Les pénalités édictées consistaient en :

— Transportation dans une colonie pénitentiaire ;

— Eloignement du territoire français ;

— Internement dans un autre département ;

— Surveillance de la police.

Les trois dernières peines furent à peu près

les seules appliquées dans la Haute-Vienne ;
deux repris de justice, saisis les armes à la main,
furent désignés pour la transportation en Al-
gérie. Cinquante-trois autres individus, atteints
par diverses sentences, les virent pour la plupart atténuées quelque temps après.

XIII

Le calme rétabli partout ramenait la confiance ; les affaires, naguère suspendues par la
crainte d'une explosion socialiste, reprenaient
de tous côtés ; les ouvriers, éloignés des ateliers
et des manufactures par de perfides manœu-
vres, s'empressaient de retourner y chercher du
travail.

Or, bon nombre de chefs d'usines, de patrons
d'industries, s'étant trouvés entraînés dans le

mouvement par terreur ou par conviction, étaient devenus l'objet de mesures rigoureuses; leur éloignement pouvait maintenir le malaise dans la classe ouvrière en laissant chômer leurs établissements.

D'autre part, beaucoup de familles frappées dans leurs membres les plus actifs pouvaient demeurer exposées à la gêne, à la misère peut-être.

Cette situation frappa le Prince-Président. Il ne voulut pas que des erreurs momentanées eussent d'aussi cruels résultats pour ceux qu'il venait d'arracher généreusement à un cataclysme inévitable. Il ordonna une prompte révision des sentences rendues, et envoya à cet effet cinq généraux attachés à sa personne pour se joindre aux commissions mixtes et revoir, de concert avec les membres qui les composaient, les dossiers sur lesquels elles avaient jugé, et atténuer les condamnations, s'il était possible.

M. le général Canrobert vint à Limoges,

chargé de cette mission de clémence. La plupart
des peines furent abaissées d'un degré, et quelques individus qui avaient fait spontanément
acte de soumission au gouvernement furent
graciés. Il n'y eut pas un seul renvoi devant les
tribunaux.

XIV

En présence de ce mode de procédure, entiè-
rement ignoré du reste par ceux qui l'incri-
minent, est-il possible d'admettre leur complète
bonne foi ?

Que l'on compare les résultats de ces terribles
commissions mixtes avec les condamnations
sommaires prononcées par le général Cavaignac
et l'Assemblée nationale contre les insurgés de
juin 1848; qu'on lise dans le journal *Le Siècle*
l'interminable liste de transportés, sur laquelle

il a fallu rectifier tant d'erreurs après le départ
des condamnés pour Cayenne; que l'on se rap-
pelle que le soulèvement socialiste, limité en
1848 à l'enceinte de Paris, aurait pu gagner en
1851, grâce aux sociétés secrètes, la France
presque entière; — et l'on verra de quel côté
fut la modération. Un seul exemple : — a-t-on
cité sérieusement une seule erreur irréparable à
la charge des commissions mixtes?

Leur justice fut sérieuse sans doute, sévère
parfois, mais indispensable au premier chef.

Elles contribuèrent à rassurer la France alar-
mée et à rétablir l'ordre social.

Il n'y a pas d'exagération dans ces expres-
sions, je l'ai démontré.

Avant de les discuter, on doit bien connaître
les hommes et les faits; j'ai vu les uns, j'ai été
témoin des autres; j'ai raconté sans passion, sans
parti pris, sans intérêt à déguiser la vérité, avec
une conviction d'appréciation que seize années
n'ont pu affaiblir.

Le coup d'État de décembre 1851 était tellement nécessaire que les partis semblent avoir, d'un commun accord, laissé écouler ce laps de temps sans en parler. Réduits à l'impuissance, ils voulaient sans doute éviter de constater l'état auquel ils avaient réduit la France.

Aujourd'hui, on affecte d'appeler *esprit de revendication* une espèce de mouvement factice créé par des publications remplies d'erreurs. Ce n'est que de la curiosité. Une nouvelle génération s'élève qui n'a connu tous ces faits que par des bruits confus, et qui veut savoir son histoire. Il faut la lui dire tout entière, ne lui pas cacher surtout les causes des événements. Elle saura conclure elle-même, en comparant le passé avec le temps présent, et s'acheminer librement vers l'avenir ouvert devant elle.

17 janvier 1869.

6570 — Paris, imprimerie Jouaust, rue Saint Honoré, 338.

2